U0008910

中小學生都受用，
人際互動、課業問題、建立生活習慣……讓煩惱變機會！

Flip-Thinking! 來自荷蘭的

翻轉思考法

omdenken doe je zo!

伯托爾‧岡斯特

黃茉莉 譯　著

目次

上臺報告

　　安娜要上臺報告。現在安娜五年級，這不是她第一次上臺報告。上一次是四年級，那時她搞砸了，班上同學都嘲笑她。報告的主題是她的貓，結果每個人都開始學貓叫，安娜更加的結結巴巴，話都說不好，她再也不想經歷同樣的事。

　　安娜很擔心，有時候想到報告這件事，就會胃痛。她連報告的主題都還毫無頭緒。

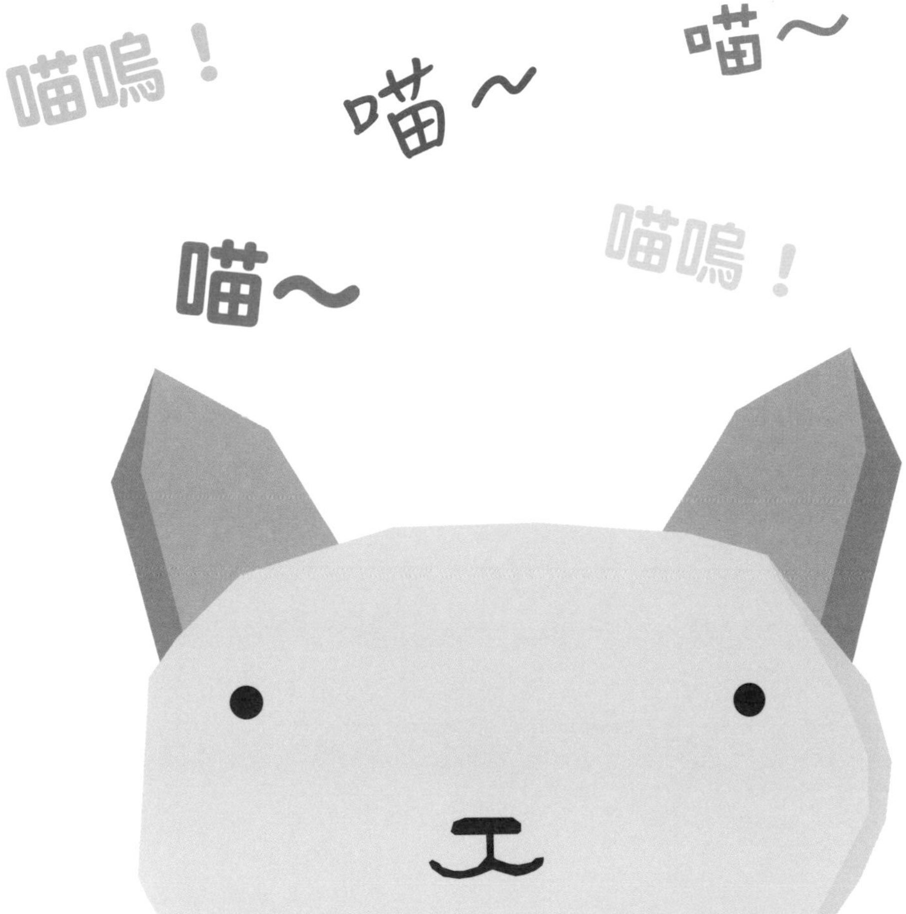
喵嗚！
喵～
喵～
喵嗚！
喵～

有一天，她坐在電腦前搜尋報告主題，腦海裡不斷浮現的詞彙只有「緊張」。她輸入「緊張」，出現了各式各樣的網站及資訊。突然間，她靈光一閃！

　　星期四到了，安娜要上臺了。她緊張得要命。「我要報……報告的主題是緊……緊張。」她並沒有假裝自己很鎮定，從報告一開始，就表現得很緊張。

　　她介紹了緊張，並說明緊張如何出現，同時，也呈現出人在極度緊張狀態下會有的樣子。她結巴、顫抖、臉頰漲紅，不過仍然堅持著說下去。

全班同學屏息聆聽，他們認為安娜表現得太棒了，還時不時發出笑聲！最後，安娜一點都不緊張了，但仍需要假裝一下。在臺上，她就像個喜劇演員，報告越來越好玩，她發現這樣做有趣又有意思。

老師稱讚安娜的報告很有創意，還誇獎她有表演的天分。真是太不可思議了。

安娜本來面臨相當困擾的問題，比起逃避或是正面解決，她採用了不同的方式。她把自己的困擾變成報告的主題，也因此發現她很喜歡表演，這是她從來都沒想過的事。

安娜做了什麼？她把問題轉變成新的機會。起初，她遭遇問題且很不安，現在卻發現了新的事實：她喜歡表演。安娜使用了「**翻轉思考**」這個方法。

翻轉思考乍聽之下好像很困難，要十分聰明或是非常特別才做得到，但其實翻轉思考是可以學習的。你可以透過問自己四個問題，用四個步驟來實現翻轉思考。

本書將依序一一介紹這四個步驟。

準備好了嗎，我們開始吧！

開始

第一步驟 目前的問題是什麼？
找出問題的碎片

　　每當遇到問題，卻想不出解決辦法時，你會怎麼做？想一想安娜做了什麼，可能會帶給你一點啟發，也許你可以這樣試試看。翻轉思考就是從問題開始，如果沒有問題，就不需要翻轉思考。

　　任何事情都可能是問題。事情可能很糟，比如竊賊闖入你家，有些事情沒那麼糟，只是讓人心煩，比如輪胎沒氣。無論問題是大是小，都會造成困擾，而且一點都不愉快。唉唷，好煩！

海濱棧道

400歐元

由此經過領取薪水
200歐元

START
開始

地中海大道

50歐元

不愉快的事情發生時，你通常會怎麼做呢？想要擺脫問題、問題必須消失、希望一切盡快恢復正常。你想要解決問題！

　　但不是每次都這麼順利。

　　想像一串糾結在一起的聖誕燈，好煩！你想解開它，於是開始拉扯，結果不但沒解開，反而纏繞得越來越緊，事情越變越糟。

　　唉～唷～！

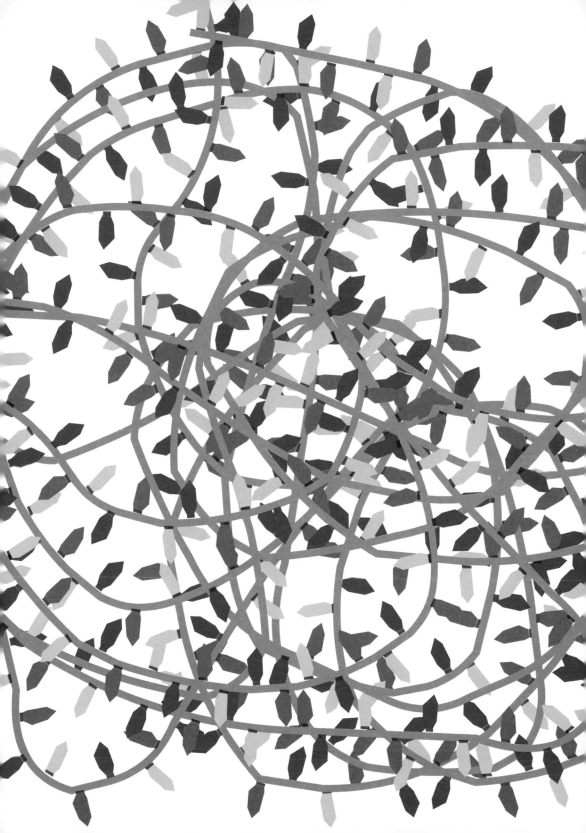

又或者車子陷在泥濘裡，好煩！你想要盡快脫離泥濘，所以一次比一次用力的踩油門，卻只讓車子陷得更深。你的解決方式實際上讓問題變得更糟糕！

這就是所謂的「**受困思考**」。讓原有的問題變成更大的問題。

受困思考是翻轉思考的相反。**翻轉思考是將問題轉化成機會；受困思考則把問題變成災難。**想要盡快解決問題，所以更用力的拉扯燈線，或是猛踩油門。遇到問題時，其實可以做點不同的事情。

先冷靜檢視問題，並且問自己：

目前的問題是什麼？

你可以像這樣提問：

這個是怎麼樣的問題？

到底發生了什麼事？

實際上發生了什麼？

這就是翻轉思考的第一步，我們稱之為：**查看事實**。或是也可以這麼說：把問題拆成許多小碎片，就像拼圖一樣。

問題實際上就像拼圖。你可以仔細觀察有哪些碎片？有邊框碎片嗎？又有多少塊碎片拼成藍天？

哪幾片是凹槽碎片，哪幾片是凸角碎片？
按照形狀先分類好碎片，能更快速的完成拼圖。
只要知道擁有哪些碎片，就能完整的拼好拼圖。
同樣的，面對問題也是如此。所以先問問自己：
問題是由哪些部分組成的？

　　這個問題非常重要，如果更仔細的觀察問
題，有時候會發現，其實問題根本不存在，只是
我們以為有問題而已。

　　等等，我們先來看個例子。

讓我們看看山姆和莉莎的問題。

他們都想要橘子，不過水果籃裡只剩下一顆，他們因此而爭執，但無法解決任何事。這就是問題。

山姆快速抓起橘子，想要直接帶走，莉莎很生氣，山姆怎麼可以就這樣拿走最後一顆橘子！莉莎開始拉他，想要搶回橘子，但山姆不願意鬆手，他們發生了激烈的爭執。

媽媽過來了解這場風波。「吵什麼吵，你們都瘋了嗎？不要再吵了！」她拿走橘子，趕他們上樓。現在，誰也拿不到橘子了。

如果山姆和莉莎按照翻轉思考的第一步：先停下來問問題，會發生什麼情況呢？

　　問題是：**這個是怎麼樣的問題？到底發生了什麼事？問題的碎片是什麼？**

　　我們稍微回顧一下。

　　「山姆和莉莎都想要橘子，水果籃裡只剩下一顆。」這就是問題。

　　山姆想榨橘子汁喝，他以為莉莎也是這麼想。後來他開始檢視事實，他想：到底發生了什麼事？為什麼莉莎想要這個橘子？於是他問莉莎：「妳要橘子做什麼？」她回答：「我想要用橘子皮烤蛋糕給全班同學吃。」

事實是什麼？

山姆想要橘子汁，而莉莎想要橘子皮。

這意味著問題已經不存在了。

他們可以共享橘子。

什麼？那他們為什麼一開始要吵架呢？

所以，**翻轉思考的第一步是：確切了解事情的狀況？找出問題點是什麼？事實又是什麼？**

要自問：**問題究竟是什麼？有時候你認為的問題，仔細檢視後，會發現根本什麼問題也沒有。**

事實上，這樣的狀況很常見。

這裡還有幾個例子。

你認為朋友不喜歡你了，因為她沒有參加你的生日派對，事實上，那天她必須和父母去某個地方，因為她太過害怕，不敢對你說實話。

你認為你是全班唯一不了解某件事的人，事實上很多同學也不了解。

你認為爸爸生你的氣，是因為他脾氣暴躁，事實上，他生氣是因為工作上和同事有摩擦。

你認為只有你覺得唱歌很可怕，事實上，幾乎每個人都覺得在全班面前唱歌很可怕。

有時候只要不把問題看作問題，就能解決問題了。

（第二步驟）這是大問題嗎？

不要小題大作

　　遇到問題，通常從第一步驟開始，但是，即便你完成了第一步驟，仔細觀察問題，了解目前的現況後，問題卻依然存在。

　　接下來怎麼辦呢？這時就進入第二步驟。
誠實的問問自己：
這個問題有多大？
它是大問題嗎？

　　或許問題很快就會過去。
或許根本可以不予理會。

或許你把問題想得比實際嚴重。我們有很多描述這種情況的表達方式，比如：

白費力氣

找尋根本不存在的問題。

小題大作

把小問題當作大問題。

茶杯裡的風暴

一時看起來很嚴重的事情，最後發現一點都不重要。

　　舉個例子。你重重的摔了一跤，擦傷了膝蓋，痛得要命，但傷口終究會痊癒。你不用整天盯著傷口，唉聲嘆氣傷得有多嚴重，即使是扭傷腳踝（那更痛！），你也知道沒那麼嚴

重，疼痛終會消退，打上石膏或包紮後，很快就能解決問題。

　　就是這麼簡單。
　　很多問題也是如此。

　　以丹的故事來舉例。全班同學和老師要一起去校外體驗，決定去看電影！丹非常期待，後來發現要看的電影他早就看過了。他很失望，很不開心。

丹該怎麼辦呢？

他從第一步驟開始，先檢視事實，現在到底是什麼情況？

班級校外體驗決定去看電影，電影已經選定，票也訂好了。他不能請病假，因為媽媽會生氣。

問題依然存在。

所以丹進行第二步驟。

他問自己：

事情真的很糟糕嗎？

我能不理會它嗎？

還是解決它？

丹沒有立即生氣或感到沮喪，而是先冷靜想想「問題實際上有多糟？」。

他成功了，事情根本沒那麼糟糕！再想想後，他其實很期待再看一次電影，所以他參加了校外體驗，玩得很開心。而且你猜怎麼了？所有同學都想知道故事的結局。「丹，告訴我們啦，後面是不是很刺激？」不過，丹閉緊嘴巴，享受著唯一知道情節如何發展的專屬樂趣，校外體驗變得更好玩了。

丹不過分放大問題，因此讓問題消失了。就是這樣而已。

丹所做的，你也能做到。

問題真的有這麼嚴重嗎？

再看看另外一個例子。你想邀朋友一起玩，但他已經和別人先約好了，這真的是大問題嗎？

他很可能明天就會主動邀你。

如果手上的冰淇淋掉在地上，當然很糟糕，但真的是大問題嗎？

如果你地理每次都考九十分，只有這次考八十幾分。這真的是災難嗎？

不是吧？

問題往往沒有表面上那麼嚴重。

第三步驟 你是問題的核心嗎？
到底是誰讓問題變得困難？

　　有時候你已經檢視了問題現況（第一步驟），也問了自己「這真的是個大問題嗎？」（第二步驟），已經很努力不去理會了，但問題依然存在。

　　那該怎麼辦呢？接下來就進行第三步驟。

　　看看你自己目前做了什麼：
你本身就是問題的核心嗎？
是你自己製造問題嗎？

咦？你怎麼可能自己製造問題？

都是問題或挫折找上門，不是你自己主動製造的，對吧？

嗯⋯⋯有時候確實是你製造出問題的，即使你認為並非如此。

讓我們看看米朗的故事。他喜歡演戲，並且準備了一個計畫。他的祖父母、叔叔及嬸嬸星期天要來訪，他想演齣戲給他們驚喜。他已經有完整的故事，也分配好角色，甚至還準備好戲服。

他的妹妹愛麗絲也會一起參與，還有穆罕默德、卡爾和瑪蘭妮。今天下午他集合了所有人到客廳，說明整個計畫。不過五分鐘後，愛

麗絲因為太熱想到外面玩，就離開了。「蠢斃了！」卡爾嚷嚷著想扮演騎士，但劇中根本沒有騎士的角色。穆罕默德拿起劍與卡爾交鋒，相當激烈……鏘！鏘！鏘！瑪蘭妮則越來越懶散的倒在沙發上，還說她不喜歡這樣……

米朗發火怒吼：「你們安靜點，我再跟你們說明一次。閉 — 嘴！」

但無論他做什麼，都無法控制場面，最後每個人都離開了，米朗既傷心又沮喪。這些朋友都是笨蛋，他覺得自己遇上大問題了。

米朗現在該怎麼辦呢？

他可以問自己以下的問題：
我做了什麼，才造成這麼大的問題？

如果他在腦中回答，可能會說：我早就想過所有的情況，也在腦袋裡安排好全部的計畫，事情不應該是這樣。其他人必須按照我的想法做，但事情的發展和我想的不一樣，我就生氣了。嗯⋯⋯。

現在重新想了想，米朗明白，實際上是他自己造成了這個問題。他有了期望：他認為某些事情「應該如此」或是「應該發生」，是他的期望造成了問題。因此，**有時候問題是自己造成的。**

有時候期望會導致問題發生，或是讓事情出錯。

　　比如這個例子：為什麼你無法接受輸掉大富翁遊戲？因為你總是想著獲勝，這是應該發生的事，不該有其他結果。結果你輸了，掀翻了遊戲紙板，遊戲幣和骰子在房間裡飛散。

　　那麼，到底是誰造成了問題？

　　再舉個例子：姊姊去祖母家過夜時，得到了溜冰鞋。你也想穿來玩，認為她應該和你分享，但是姊姊只想要獨享，於是你就生氣了，因為她沒有做到你認為「她應該做的事」。她的行為不符合你的期望。那麼，現在是誰造成了問題？是姊姊還是你自己？你擁有期望，認為事情應該朝向某個方向發展，或者應該處

於某種狀態。如果你有這種困擾，就該停止這種行為。不要再這麼做了！

　　有個方便又有效的方法可以幫助你停止這種行為：想像把困擾著你的期望放進氣球裡，接著綁好氣球後鬆開，氣球往上飄，期望隨著氣球越飄越遠，越來越小。最後，氣球消失了，再也看不見了。

現在你的期望也跟著消失了，結果證明問題並沒有那麼嚴重！

　　你已經放下了造成問題的期望。

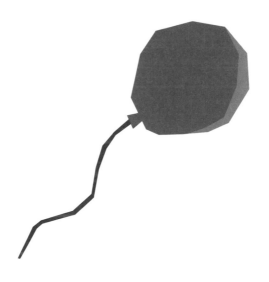

第四步驟 能夠翻轉問題嗎？
把問題轉變成機會！

運用前面三個步驟後，問題仍然可能存在。這一點都不奇怪，有些問題真的很煩人，而且讓人感到無能為力。不過，還是能做一些事情的。現在開始翻轉思考吧！

怎麼做呢？首先對你的問題說「好吧」，接受問題，然後問自己：

我能把問題變有趣嗎？

透過問這個問題，開始尋找問題的優點。有時候，問題就是必定會存在的。

好吧！

這聽起來有點奇怪吧？怎麼對問題說「好吧」？問題會有優點嗎？問題既然一定會存在，還能把問題變有趣嗎？的確，有時候是可以的。

瞧瞧潔絲敏的例子。她原本計畫和爸媽、弟弟在遊樂園玩一整天。爸媽一向很忙碌，他們答應去遊樂園的那天將會是特別的日子。不過，潔絲敏起床後，發現外面正在下雨。太糟糕了！

吃早餐時，爸媽說最好還是別去了。下雨天，遊樂園一點都不好玩，每樣設施都溼答答的，又冷又溼，遊樂園也沒人……。

他們今天不去遊樂園了。她的爸媽神情沮喪，心情惡劣，坐著喝咖啡，盯著下個不停的大雨。弟弟開始哭泣，抱怨美好的一天泡湯了。糟透了！

不過潔絲敏心想：嘿，等等！也許我能用翻轉思考解決問題。

首先，她進行第一步驟，檢視目前的事實，外頭在下雨，她對此說「好吧」。沒錯，下雨了，事實就是如此，而且無法改變。

接著進行第二步驟。這的確是個大問題，因為一切都溼答答的，讓人感到不舒服。他們去不了遊樂園，她不能忽視這件事，也不容易解決。

再來進行第三步驟。她的期望呢？潔絲敏本來期望全家共享快樂的一天，但現在破滅了。她懷抱著期望。如果讓期望像氣球一樣飄遠，不去遊樂園了？不，她一點都不想要這樣。

最後，來到第四步驟。她不能翻轉思考解決問題嗎？如果今天就是會下雨，她能想想下雨的遊樂園有什麼優點嗎？突然間，事情好像沒那麼困難了。只要下雨，遊樂園就不會有人，玩任何設施都不用排隊！

如果他們今天去遊樂園，完全不需要排隊等候。可以連續玩八次她最愛的雲霄飛車，玩遍所有想搭的設施。爸媽一定沒想到這點。啊哈！

因此，他們還是去了遊樂園。結果不是糟糕的一天，他們玩得非常盡興。他們搭雲霄飛車，搭到頭暈想吐才休息。幫助潔絲敏轉化問題的其中一個關鍵是：她認清了自己真正的**想望**。

潔絲敏真正想要的是和爸媽、弟弟度過開心的一天，還想盡可能玩到最多的設施。當她想清楚後（我想和大家快樂玩一天，還想搭很多設施），她就能對現實說「好吧」，就算天氣惡劣，她立刻明白自己的意圖，進行翻轉思考。

翻轉思考時，我們稱為**尋找新的可能性**。與其老是想著問題惱人的那一面，不如檢視能怎麼應對，以及如何在問題中看到新的可能性。

剛剛的例子中，問題惱人的一面就是下雨，這無法解決，外面就是在下雨。不過，多虧了雨，遊樂園到處都空蕩蕩，也讓事情變得格外有趣！

所以，或許這場雨注定無法迴避。

當遇上問題時，翻轉思考有時看起來很困難，但有時比你想得還要簡單。有時候，甚至能從第一步驟直接跳到第四步驟。是的，當然可以。

當她對問題說「好吧」後，就能翻轉思考，解決問題。

再看看以下的例子。美國有位名為史蒂芬的十二歲男孩，喜歡和朋友一起創作電影。構思故事，接著拍攝、剪輯，這就是他喜歡做的事，他正想拍攝一部關於第二次世界大戰的影片。學校有個身材魁梧的男孩約翰，經常欺負或嘲笑史蒂芬。他洩光史蒂芬腳踏車輪胎的氣，把史蒂芬的頭拽到水龍頭下，或是踢足球時故意讓他受傷、流鼻血。約翰比史蒂芬高壯，史蒂芬明白他永遠不可能打倒約翰。

史蒂芬心想：好吧，約翰是個惡霸，我無法擺脫他。他很討人厭，是個真正的壞蛋。一直以來事情就是如此。

這就是史蒂芬需要面對的事實。

史蒂芬接下來會怎麼做呢？他想：約翰就一定是惡霸嗎？能把霸凌轉變成對自己有利的事嗎？能將這個問題轉化成有趣，或有好處的事嗎？史蒂芬開始翻轉思考，恰好他想找一個能演好戰爭英雄的人，需要又高又壯的演員，為什麼不找約翰演呢？只要他開始演電影，應該就不會再欺負別人了，對吧？

史帝芬詢問約翰是否願意參與他的電影，扮演戰爭英雄時，約翰原本還嘲笑他，後來，他還是想演出，因此接受了提議。事實上，他表演得非常出色，拍攝時還參與了電影的其他工作，因為他也喜愛拍電影。

告訴你，這不是編出來的故事喔！

故事裡的史蒂芬就是史蒂芬・史匹柏，是好萊塢的知名導演，而約翰後來也成了他最好的朋友之一。

所以史蒂芬不但解決了霸凌問題，還成功的把問題轉化成新的機會：他找到了飾演戰爭英雄的最佳演員，還結交了一個好朋友。

哈哈

跟潔絲敏一樣，史蒂芬適當的運用翻轉思考。他檢視自己的想望，他最想要獲得的是什麼：他想拍出一部好電影，還想找到一個能稱職扮演戰爭英雄的演員。

事實上，他本來遇上的是一個搞破壞的惡霸。不過，檢視了想望後，他轉變了惡霸這個既有的問題，從問題中創造出新的機會。

這就是進行翻轉思考時，會產生的情況：**你可以把問題轉化成新的機會。**

因此，**當你面對問題時，問問自己：你想要的是什麼？在這個當下，你最大的願望是什麼？你的想望是什麼？**接著，仔細觀察問題的事實，或是所有問題的碎片，想想看是否能用現有的條件實現想望或願望。

翻轉思考四步驟

第一步驟：目前的問題是什麼？

　　遇上問題時，不需要立刻解決，或是排除。首先冷靜檢視，並且打碎問題。或許你會發現問題根本就不存在。

第二步驟：這是大問題嗎？

　　然後，你可以想想這是否是個大問題？能否不理會問題，或是用簡單的方法解決？也許問題只是茶杯裡的風暴，並不嚴重，所以不要小題大作。

第三步驟：你是問題的核心嗎？

　　接著，你可以檢視自己的期望。你是不是問題的根源？那麼，你就能解開問題了。

第四步驟：能夠翻轉問題嗎？

　　如果問題仍然存在，可以思考問題或許是個新的機會。藉由認清自己的想望，能夠翻轉思考，提出新的可能性。

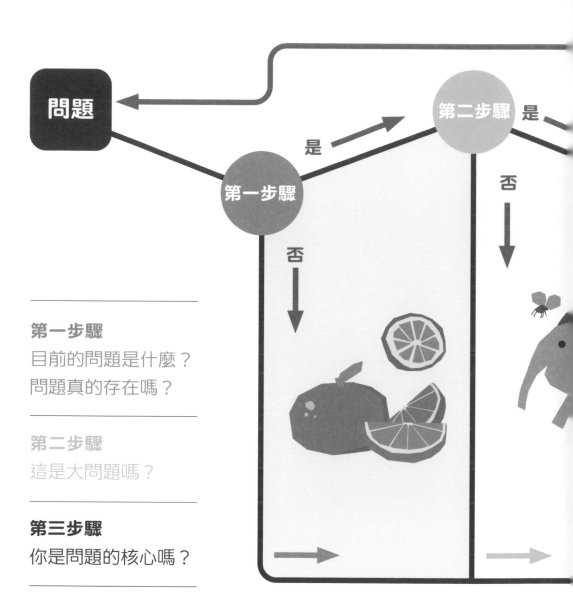

第一步驟
目前的問題是什麼？
問題真的存在嗎？

第二步驟
這是大問題嗎？

第三步驟
你是問題的核心嗎？

第四步驟
能夠翻轉問題嗎？

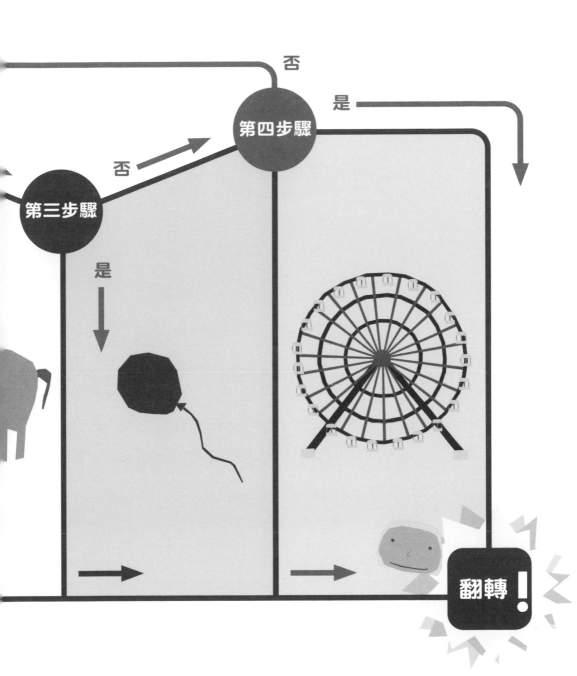

一起翻轉思考
彈性運用篇

現在你已經懂得如何進行翻轉思考，也知道可以採取四個步驟。你知道使用某個步驟後，是該停下來，還是繼續進行下一個步驟呢？

其實這是可以察覺的。如果回答了一個問題，就足夠解決，那麼你就知道可以停下來，不需要再提出更多問題了。問題已經消失，就是這樣而已。

我們再來看看一些問題，想想如何運用學過的四步驟解決。

突然颳起風，怎麼
會是問題呢？

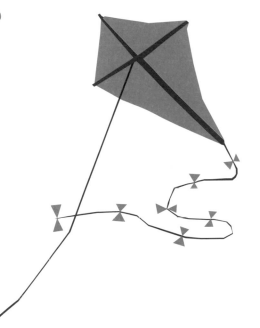

有風，才能放風箏。
所以要向風說謝謝。

問題：琳恩的禮物

　　琳恩生日時，收到伊芙送的蠢動物玩偶禮物。糟糕！琳恩不喜歡那個玩偶，但也不敢說出來，或是丟掉，因為伊芙如果去她家，可能會問起玩偶。琳恩該怎麼辦呢？

第一步驟：目前的問題是什麼？

　　琳恩列出事實：她不喜歡伊芙送的動物玩偶，但不敢說出來，擔心會讓伊芙失望。總之，這仍然是問題。

第二步驟：這是大問題嗎？

　　琳恩很焦慮，因為不敢告訴伊芙她不喜歡玩偶。她擔心伊芙如果發現玩偶不見了，會和她絕交。不過，問題真的有這麼嚴重嗎？琳恩可以把玩偶收在不常看見的角落，而伊芙來訪時，玩偶也還在。一段時間後，她們可能都忘

記那個玩偶了，琳恩就能丟掉它。

所以，她不需要告訴伊芙
她不喜歡那個禮物。事實
上，這個問題並不嚴重，只
要暫時收起玩偶，不予理會，問
題就自然而然解決了。

琳恩現在不需要再進行第三步驟或第四步
驟了，因為在第二步驟時，問題就已經消失了。

我們接著再看下一個例子。

問題：薩米爾和蛋糕

　　薩米爾每週四會去課後班。他很喜歡烘焙，老師告訴他，她很快就會帶著班上的同學一起烤蛋糕，薩米爾內心充滿期待。隔週四，薩米爾問老師今天可以烤蛋糕嗎？老師卻說：「不行，外面的氣溫三十度，太熱了。我們今天先到戶外活動，下次再烤蛋糕。」

　　薩米爾既生氣又失望。他遇上問題了，要怎麼處理呢？

第一步驟：目前的問題是什麼？

　　我們先檢視事實。老師說他們很快就會一起烤蛋糕。不過，外面的氣溫三十度，老師認為天氣太熱，不適合烤蛋糕。薩米爾很失望。因此，他提出第二步驟的問題。

第二步驟：這是大問題嗎？

　　薩米爾認為烤蛋糕是世界上最棒的事，很期待今天可以烤蛋糕，他一點都不想到戶外活動，所以很沮喪。問題仍然存在，完全沒有解決，狀況很糟，所以他進入第三步驟。

第三步驟：你是問題的核心嗎？

　　這是一個很困難的問題，尤其當心情沮喪時，更難冷靜思考。但是，薩米爾還是認真的想了想，是他做了什麼事導致問題發生的嗎？是的，老師沒有承諾這週四要烤蛋糕，薩米爾自己期待可以烤蛋糕，還期待了整整一週，結果卻不能烤蛋糕，當然一定會很失望。實際上，他的失望是自己引起的，因為他期望了本來就沒有被承諾過的事。

現在薩米爾必須放掉期望。這很不容易，
但至少他知道導致問題發生的根源了。

我們再多練習一個例子。

這個例子稍微難一些。

問題：母親節禮物

　　南西拿零用錢買了兩個漂亮的杯子，作為母親節禮物。媽媽喜歡手作品，但南西手拙，不擅長手工藝，買到這兩個她找了很久的杯子，她很得意。但是，回家時，她沒拿好裝著杯子的塑膠袋。砰！兩個杯子都摔破了，只剩下一堆碎片。

　　南西要怎麼翻轉思考這個難題呢？

第一步驟：目前的問題是什麼？

　　問題很明確：杯子破了，零用錢也花光了。明天就是母親節，南西沒有禮物，只有一堆碎片。

第二步驟：這是大問題嗎？

　　嗯，南西肯定是這麼認為的。她很傷心，自己怎麼會這麼不小心？笨手笨腳的，連東西也拿不好，沒有禮物的母親節，糟透了。

第三步驟：你是問題的核心嗎？

　　是的，南西自己摔破了杯子，但不表示是她的期望造成了問題，她的期望並不奇怪，期待明天有很棒的禮物，可以帶給媽媽驚喜。這是很理所當然的。

第四步驟：能夠翻轉問題嗎？

　　好吧，南西現在得審慎思考了。杯子如果摔破，嗯，好吧，杯子現在就是碎掉了，事情就是如此。

她對問題說「好吧」，接受了問題，但要翻轉問題，南西要先想想自己的想望，她想要的是什麼？她想在母親節給媽媽驚喜，驚喜越棒越好。怎麼用破掉的杯子達成這個目的呢？

　　然後，她想到了！

南西請爸爸鋸一片木板給她。她把木板漆成藍色，那是媽媽最喜歡的顏色。接著，她一片又一片將杯子的碎片黏到木板上。對她這樣手拙的人來說，這工作並不困難。完成後，她用奇異筆寫上諺語：「碎片帶來幸運　給媽媽」。

　　南西的媽媽從沒收過這麼棒的禮物，如此獨特，還是親手打造的。

　　這塊木板一定會掛在南西家的客廳好幾年。

碎片帶來幸運

給媽媽

所有問題
都能翻轉嗎？

　　有些問題就算使用了翻轉思考的四個步驟後，還是依然存在，這一點都不奇怪。這些問題太龐大了，根本無法翻轉。還有些問題根本無能為力，也無法翻轉。就像無法用翻轉思考改變其他人的行為。

假設有一位老師口臭很嚴重。呃，好噁！那麼你無法翻轉問題，要他改變。你只能想出一些方法應對：比如時常給他保持口氣清新的口香糖、寫口腔保健相關的報告（希望他能從中學到一些方法），或是誠實的告訴他，他有口臭。

　　過於龐大的難題，也無法翻轉。

　　比方說，你的爺爺過世、學校失火，或是某個地方發生戰爭。經歷這些狀況，只能悲傷或憤怒，無法思考、翻轉問題。爺爺過世而感到傷心，難道不合理嗎？有人挑起戰爭而感到生氣，難道不正常嗎？

唯一不好的狀況是，當你悲傷或憤怒時，卻對這樣的自己生氣。你這麼做，是為自己創造不必要的困難，且實際上是在製造新的問題，陷入受困思考的處境，並把問題變成災難。你應該停止這麼做。

受困思考會把問題變成災難。

一起翻轉思考
實例運用篇

　　你更了解翻轉思考了嗎？可以自己試試翻轉思考嗎？以下是一些孩子遭遇問題，利用翻轉思考成功解決的故事。

　　嘗試翻轉思考以下的問題，看看你是否能像他們一樣翻轉問題、解決問題。

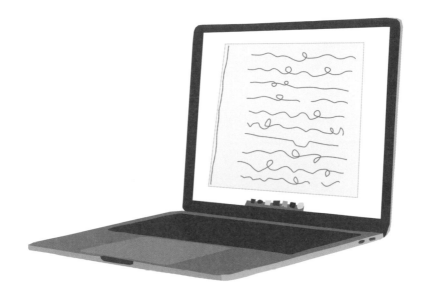

問題：課業輔導

　　愛茉不擅長寫作，每週都必須到課業輔導老師那裡報到，進行補救教學。愛茉覺得有點羞愧不自在，她不想要不一樣。

　　你能翻轉思考這個問題嗎？答案在下一頁。

翻轉思考大不同

　　愛茉自己想了想：補救教學又怎樣？我就是和其他小孩不一樣。我就是這麼與眾不同。課業輔導老師超酷的，想出各式各樣有趣的學習方式幫助我。

　　翻轉思考後，愛茉一點都不覺得羞愧尷尬，反而得意的向朋友分享課業輔導老師有多棒。現在，連她的朋友也想參加補救教學了。

問題：霸凌

　　湯姆從一年級開始就不斷被五年級的學生欺負。他們要他從十便士的硬幣和二十便士的硬幣間，選出「比較大」的硬幣。每次他都選十便士的硬幣，因為十便士硬幣就是「體積比較大的硬幣」。選完後，那些學生都會嘲笑他。

　　你能翻轉思考這個問題嗎？答案在下一頁。

翻轉思考大不同

　　老師告訴他，那些學生是在嘲笑他。二十便士硬幣比起十便士硬幣更有價值。「我知道啊，」湯姆說：「但要是他們知道我也知道這件事，就不會再給我錢了。」

　　湯姆早就自己想通了這個問題：他們嘲笑我，這是問題，也是糟糕的事，但我卻因此可以一直得到十便士硬幣。就這樣，他反而愚弄了那些霸凌他的學生。

問題：麗莎的弟弟

麗莎有個五歲的弟弟，總是要麗莎和他一起玩遊戲，不過，他又輸不起，常因此而生氣。

你能翻轉思考這個問題嗎？答案在下一頁。

翻轉思考大不同

　　麗莎知道弟弟輸不起，但又老是纏著她一起玩遊戲。那麼，麗莎該怎麼做呢？她挑選了齊心合力對抗電腦或遊戲主機的遊戲，這樣他們就在同一陣線，一起贏過電腦，或是輸給電腦。

　　這樣一來，弟弟也能學習接受失敗，因為他可以看見麗莎是如何面對失敗的。

問題：新學校

　　提米要到新學校上學。爸媽擔心他難以適
應，想幫助他。

你能翻轉思考這個問題嗎？答案在下一頁。

翻轉思考大不同

　　事實上，提姆一點都不認為這是個問題。你知道他是怎麼說的嗎？「超棒的，新學校有很多我沒見過的新朋友。」

　　提米根本不覺得新學校是問題。事實上他很期待去上學。

小麥田知識館

Flip-Thinking! 來自荷蘭的翻轉思考法：中小學生都受用，
人際互動、課業問題、建立生活習慣……讓「煩惱」變「機會」！

omdenken doe je zo!

作　　　　者　伯托爾‧岡斯特 Berthold Gunster
譯　　　　者　黃茉莉
封 面 設 計　翁秋燕
內 頁 編 排　翁秋燕
主　　　　編　汪郁潔
責 任 編 輯　蔡依帆

國 際 版 權　吳玲緯　楊靜
行　　　　銷　闕志勳　吳宇軒　余一霞
業　　　　務　李再星　李振東　陳美燕
總 編 輯　巫維珍
編 輯 總 監　劉麗真
事業群總經理　謝至平
發 行 人　何飛鵬
出　　　　版　小麥田出版
　　　　　　　115 台北市南港區昆陽街 16 號 4 樓
　　　　　　　電話：(02)2500-0888
　　　　　　　傳真：(02)2500-1951
發　　　行　英屬蓋曼群島商家庭傳媒股份有限公司
　　　　　　　城邦分公司
　　　　　　　115 台北市南港區昆陽街 16 號 8 樓
　　　　　　　網址：http://www.cite.com.tw
　　　　　　　客服專線：(02)2500-7718　│　2500-7719
　　　　　　　24 小時傳真專線：(02)2500-1990　│　2500-1991
　　　　　　　服務時間：週一至週五 09:30-12:00　│　13:30-17:00
　　　　　　　劃撥帳號：19863813　　戶名：書虫股份有限公司
　　　　　　　讀者服務信箱：service@readingclub.com.tw
香港發行所　城邦（香港）出版集團有限公司
　　　　　　　香港九龍土瓜灣土瓜灣道 86 號順聯工業大廈 6 樓 A 室
　　　　　　　電話：(852)25086231
　　　　　　　傳真：(852)25789337
　　　　　　　E-MAIL：hkcite@biznetvigator.com
馬新發行所　城邦（馬新）出版集團 Cite (M) Sdn Bhd.
　　　　　　　41, Jalan Radin Anum,
　　　　　　　Bandar Baru Sri Petaling,
　　　　　　　57000 Kuala Lumpur, Malaysia.
　　　　　　　電話：+6(03) 9056 3833
　　　　　　　傳真：+6(03) 9057 6622
　　　　　　　讀者服務信箱：services@cite.my
麥田部落格　http://ryefield.pixnet.net
印　　　刷　漾格科技股份有限公司
初　　　版　2024 年 7 月
售　　　價　360 元
ISBN 978-626-7281-89-5
EISBN 9786267281888（EPUB）

OMDENKEN DOE JE ZO （FLIP-
THINKING FOR KIDS）
Copyright © 2021 by Berthold
Gunster
Copyright © 2021 by Omdenken
Uitgeverij, Utrecht
Design by Jan Gunster
Published by arrangement with
Marianne Schonbach Literary
Agency B.V., through The
Grayhawk Agency.
Traditional Chinese translation
copyright © by 2024 Rye Field
Publications, a division of Cite
Publishing Ltd.
All rights reserved.

國家圖書館出版品預行編目 (CIP) 資料

Flip-Thinking！來自荷蘭的翻轉思
考法：中小學生都受用，人際互動、
課業問題、建立生活習慣……讓「煩
惱」變「機會」！/ 伯托爾‧岡斯
特 (Berthold Gunster) 著；黃茉莉
譯 . -- 初版 . -- 臺北市：小麥田出版
：英屬蓋曼群島商家庭傳媒股份有限
公司城邦分公司發行 , 2024.07
　面；　公分 . --（小麥田知識館）
譯自：Omdenken doe je zo!
ISBN 978-626-7281-89-5(平裝)
1.CST: 思考 2.CST: 思維方法 3.CST:
通俗作品

176.4　　　　　　　113006001

版權所有‧翻印必究
本書若有缺頁、破損、裝訂錯誤，請寄回更換。

城邦讀書花園
www.cite.com.tw
書店網址：www.cite.com.tw